ほし★みつきの あみあみバード

Contents

ニワトリとヒヨコ … 4、42
スズメ … 6、44
文鳥 … 8、46
セキセイインコ … 10、48
オカメインコ … 11、50
フクロウ … 12、52
コウテイペンギンの赤ちゃん … 14、54
イワトビペンギン … 14、55
カモの親子とアヒル … 16、56

モモイロインコ … 18、58
ボタンインコ … 20、60
キバタン … 22、69
コザクラインコ … 24、64
コンゴウインコ … 26、66
ボタンインコのバッジ … 28、70
セキセイインコのバッジ … 28、70
ニワトリのマグネット … 28、45
ヒヨコのマグネット … 28、47

オカメインコのストラップ … 28、53
コンゴウインコのペンダントトップ … 28、71

あみぐるみの作り方 … 29
編み方の基礎 … 40
編み目記号と編み方 … 40
編み図と作り方 … 41
あとがき・著者紹介 … 72

ニワトリとヒヨコ 作り方…42ページ

スズメ 作り方…44ページ

文鳥 作り方…46ページ

セキセイインコ

作り方…48ページ

オカメインコ 作り方…50ページ

フクロウ 作り方…52ページ

ペンギン

コウテイペンギンの赤ちゃん　作り方…54ページ
イワトビペンギン　作り方…55ページ

カモの親子とアヒル 作り方…56ページ

モモイロインコ 作り方…58ページ

ボタンインコ 作り方…60ページ

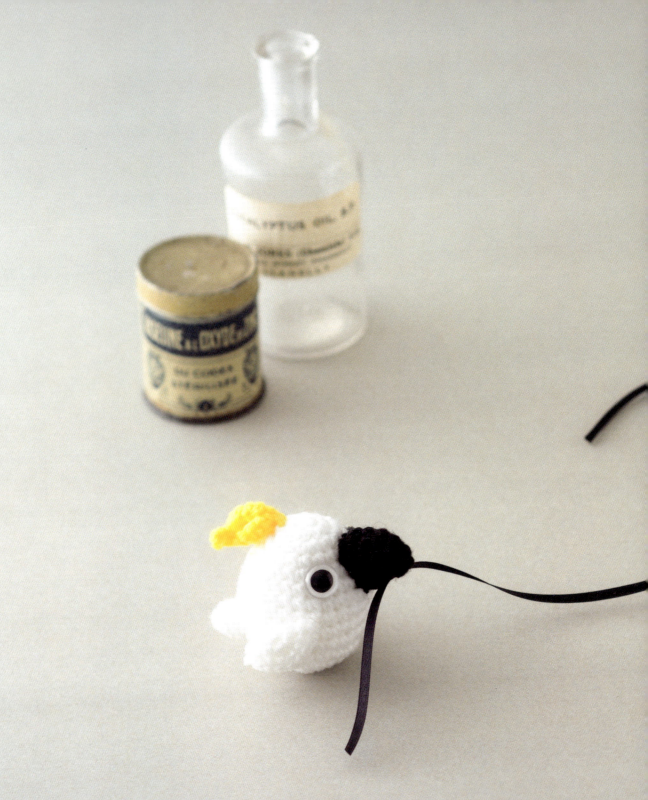

キバタン 作り方…69ページ

コザクラインコ 作り方…64ページ

コンゴウインコ 作り方…66ページ

アクセサリー

作り方
ボタンインコのバッジ … 70ページ
セキセイインコのバッジ … 70ページ
ニワトリのマグネット … 45ページ
ヒヨコのマグネット … 47ページ
オカメインコのストラップ … 53ページ
コンゴウインコのペンダントトップ … 71ページ

あみぐるみの作り方

本書に登場する作品は、すべてかぎ針で編んでいます。
14〜15ページのペンギンを作りながら、
かぎ針編みの基本とパーツの付け方を見ていきましょう。

編み方の基礎

本書に登場する鳥のあみぐるみは、ボディは共通のものがほとんどです。また、くちばしや羽も共通のものがあります。ここでは、54ページの編み図を見て編んでいきます。作品ごとのパーツの編み図や付け方は、各作品の作り方ページで解説しています。

※本書にはペンギンなどのボディがたまご形のタイプと、モモイロインコなどのボディがリアル形のタイプが登場します。それぞれボディが共通のものがほとんどです。

- ● 材料
  - 毛糸（ハマナカピッコロ）
  - 綿
  - 目のパーツ（ハマナカ 山高ボタン）
- ● 用具
  - かぎ針
  - とじ針
  - 段数リング
  - ハサミ
  - ボンド
  - ニッパー（または爪切りなど）

ボディの作り目 ［わの作り目］

＊ここでは編み目が見やすいように青・白・水色の糸を使用しています。実際に使用する糸は編み図と作り方のページをご覧ください。

1 人差し指に糸を2回巻き付ける。このとき糸端は必ず右にくるように。

2 糸端を人差し指と中指ではさみ、親指で左の糸を押さえながら輪の右から針を入れ、一番左の糸に針をかけて引き出す。

3 引き出したところ。続けて矢印のように糸をかける。

4 矢印のように引き抜いて、立ち上がりの鎖編みを1目編む。

5 立ち上がりの鎖編み1目が編めた。

ボディの1段め ［細編み］

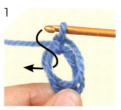

1 輪から人差し指を抜き、左手の人差し指に糸をかけ、中指と親指で輪を押さえて矢印のように輪の中に針を手前から入れる。

2 糸をかけて手前に引き出す。

3 引き出したところ。続けて矢印のように糸をかける。

4 矢印のように引き抜く。

5 引き抜いたところ。細編み1目が編めた。

6 もう一度輪に針を入れて糸をかける。

7 引き出したところ。

8 もう一度糸をかけて引き抜く。

9 引き抜いたところ。細編み2目が編めた。

10 1〜5を繰り返し、細編みを合計6目編む。

11 針にかかった輪を大きくして、針をはずして糸端が上にくるように持つ。糸端を上に軽く引くと、片方の輪が縮まる。

12 縮んだ方の糸を矢印の方向に引くと、反対側の糸が縮む。

13 反対側の輪がなくなるまで引く。

14 糸端を上に引き、もう片方の輪がなくなるまで引く。

15 引いたところ。

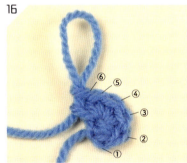
16

17 細編み1目め（写真16の①）に段数リングを付ける。

18 輪に針を戻す。

19 段数リングの目に針を入れて（鎖をすくうように2本すくう）引き抜く。

20 引き抜いたところ。引き抜き編みが編めて、1段めの完成。

ボディの2段め [増し目]

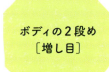
1 針に糸をかけて引き出し、立ち上がりの鎖編みを編む。

2 立ち上がりの鎖編みが編めた。

3 段数リングの目に針を入れて、糸をかけて引き出す。

4 引き出したところ。

5 糸をかけて引き抜く。

6 2段めの1目めの細編みが編めた。

7 段数リングを細編み1目めの鎖に付け替える（2段めの1目めの印）。

8 今編んだ細編みと同じ目に針を入れ、糸を引き出す。

9 引き出したところ。

10 糸をかけて引き抜く。

11 1つの目に細編みが2目編めた。

12 隣の目にも同様に細編みを2目編み入れる（写真は編み入れたところ）。

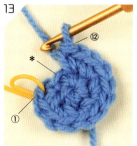
13 同様に2目ずつ編み入れ、合計12目編み、数を確認する。この時＊印の目は編まない。

14 段数リングの目に針を入れ、引き抜き編みを編む。

15 引き抜き編みが編めた。2段めの完成。なお、羽も同じ手順で、ここまで編めばできあがる。

ボディの3段め

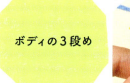

1 立ち上がりの鎖編みを編む（写真は編めたところ）。

2 段数リングの目に針を入れ、細編みを1目編む（写真は編めたところ）。

32

3

段数リングを細編み1目めの鎖に付け替える（3段めの1目めの印）。

4

隣の目に細編み2目を編み入れる（写真は編めたところ）。

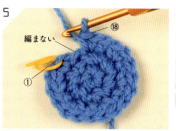

5

［編み図通りに細編み1目を編んだら隣の目に細編みを2目編み入れる］を交互に繰り返して合計18目編み、数を確認する。

6

段数リングの目に針を入れ、引き抜き編みを編んだところ。3段めの完成。

ボディの4段め［色変え］

1

立ち上がりの鎖編みを編み、段数リングの目に細編みを1目編んだら、段数リングを付け替える（写真は付け替えたところ）。

2

4段めの5目めまで編む。

3

色が変わる1つ手前の細編みの途中で糸を替えるので、6目めに針を入れて引き出す。

4

引き出したところ。

5

次の色の糸をかけて引き抜く。

6

引き抜いたところ（青の糸は休める）。

7

色が変わって次の目に細編み1目を編む。

8

次の目に針を入れて、糸をかけて引き出したところ。

9

5で休ませていた青の糸を渡してかけて引き抜く。

10

引き抜いたところ（白の糸は休める）。

11

次の目に細編み1目を編む。

12

同様に色を変えたい1つ手前の細編みの途中で糸を替え、編み図通りに編み進める。

13

18目あるか確認し、段数リングの目に引き抜き編みを編んだら4段めの完成。

> ボディの
> 5～7段め

1

5段めを編み図通りに編んだところ。

2

編地の裏側。このように糸が渡っている。渡り糸がつれないようにゆったりと渡す。7段めの白い糸を編み終えたら、白い糸端を少し残してハサミで切り、そのままボディの中に残す（写真は5段めまで編んだところ）。

> ボディの8段め
> ［段で色を変える］

1

7段めの23目めまで編んだところ。

2

24目めに針を入れ、糸をかけて引き出す。

3

次の色の糸をかけて引き抜く。

4

引き抜いたところ。青い糸は糸端を少し残してハサミで切る。

5

段数リングの目に針を入れて、糸をかけて引き抜き編みを編む。

6

引き抜いたところ。7段めの完成。

7

8段めを編み図通りに編み進め、30目あるか確認する。

8

段数リングの目に針を入れて、糸をかけて引き抜き編みを編む。8段めの完成。

> ボディの11段め
> ［減らし目］

1

10段めまで編んだところ。

2

11段めに細編みを3目編む。

3

2つの目を1つに減らすので、次の目に針を入れて糸をかけて引き出す。

4

引き出したところ。

5

同様に次の目に針を入れて、糸をかけて引き出す。

6

引き出したところ。

7
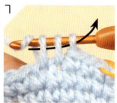
針に糸をかけて引き抜く。

8

引き抜いたところ。2つの目が1つに減った。

9

同様に細編みを3目編み、2つの目を1つに減らしながら11段めを編み終える。

ボディの仕上げ

1

13段めまで編んだら、綿を8割程度入れる。

2

14段めを編み、足りない分の綿を入れる。

3

糸端を20cmくらい残してハサミで切り、糸を引き抜く。

4

針に残り糸を通し、14段めの残り目に針を通していく。鎖をすくうように外側から内側へ。

5

次の目は内側から外側へ、次は外側から内側へと交互にすくって最後まで通していく。

6

最後まで糸を通したら、糸を引いて絞る。

7
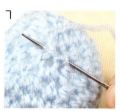
絞ったところを縫いとめる。

8

縫いとめたところから針を入れて、遠くの目から出す。

9

糸を引っ張りながら根元からハサミで切る。

10

ボディの完成。

\大きい！/ \小さい！/

同じ編み図で大きさを変えるには

編み図が同じでも、毛糸の太さとそれに合わせたサイズのかぎ針で編むことで、大きさの違う作品を作ることができます。目のパーツはできあがる作品の大きさに合わせて選びましょう。

くちばしの作り目[鎖編みの作り目]

1 糸を中指と人差し指の間に通し、人差し指にかけてから中指と親指で押さえる。糸の向こう側に針を置き、針を半時計回りで1回転させる。

2 1回転したところ。矢印のように糸をかける。

3 矢印のように引き出す。

4 最初の目ができた（これは1目とは数えない）。

5 糸をかけて引き出す。

6 引き出したところ。鎖編み1目が編めた。

7 もう一度糸をかけて引き出す。

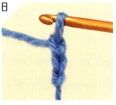

8 引き出したところ。鎖編み2目めが編めた。

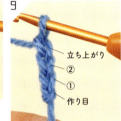

9 続いて立ち上がりの鎖編みを同様に編む（鎖編みを合計3目編んだところ）。

くちばしの1段め[細編み]

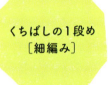

1 編み目の裏側。中央の線が裏山。

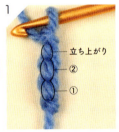

2 写真1の②の目に針を入れる。

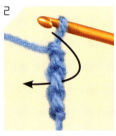

3 糸をかけて引き出す。

4 引き出したところ。

5 もう一度糸をかけて引き抜く。

6 引き抜いたところ。細編みが1目編めた。

7 今編んだ細編みの鎖に段数リングを付ける。

8 次の目（写真1の①）に針を入れて、糸をかけて引き出す。

9 さらに糸をかけて引き抜く。

10
引き抜いたところ。細編み2目めが編めた。

11
今編んだ目に増やし目の細編み2目と、その次の1目を編み入れたところ。

12
*印の目に細編みが合計4目編めたことになる。

13
次の目は鎖をひろうように糸を2本すくい、糸をかけて引き出し、細編みを編む。

14
細編みが編めたところ。

15
今編んだ目に増やし目の細編み2目を編み入れ、細編みが合計3目編めたところ。

16
段数リングから最後の目まで8目あるか確認する。

17
段数リングの目に針を入れて、引き抜き編みを編む。

18
引き抜き編みが編めたところ。1段めの完成。

くちばしの2段め

1
立ち上がりの鎖編みを編む（写真は編めたところ）。

2
段数リングの目に細編みを1目編む（写真は編めたところ）。

3
段数リングを今編んだ細編みの目の鎖に付け替える（写真は付け替えたところ）。

4
段数リングから最後の目まで8目あるか確認する。

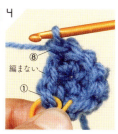

5
段数リングの目に針を入れて、引き抜き編みを編む。

6
引き抜いたところ。

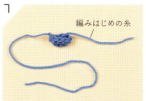
7
糸端を20cmくらい残してハサミで切り、糸を引き出したところ。くちばしの完成（編みはじめの糸は根元から1cm位残してハサミで切る）。

8
各パーツの完成。

目を付ける

* 目のパーツを付ける位置と同色の毛糸を使用しますが、ここでは見やすいように水色の毛糸を使用しています。

1 とじ針に毛糸を通し、糸端を玉結びにする。編み目と編み目の隙間から針を入れ、目を付ける位置へ針を出す。ここでも編み目と編み目の隙間から出す。

2 糸を引き、玉結びを編み目と編み目の隙間に入れる。目に針を通して、糸が出ている編み目と編み目の隙間に針を戻し入れる。

3 6目隣の編み目と編み目の隙間から針を出す。

4 糸を引き、目を固定する。

5 もう片方の目も針に通し、同じ目に針を戻す。

6 遠くの編み目と編み目の隙間から針を出す。

7 糸を引き目を固定する。

8 ［同じ目から針を入れ、遠の目に針を出す］を何度か繰り返し、中の綿に糸を絡ませる。

9 糸を引きながら根元を切る。

10 目が付いたところ。

くちばしを巻きかがる

1 くちばしを指定の場所に合わせ、残り糸で巻きかがる。ボディとくちばしの目をすくい、糸を引く。

2 次の目も同様にすくい、ぐるっと1周巻きかがる。

3 1周したら遠くの目から針を出し、糸を引きながら根元を切る。

4 くちばしが付いたところ。

羽を付ける

1 編み地の表側を外側にして半分に折り合わせる。

2 編み終わりの糸を針に通し、向かい合う目同士をとじ合わせる。このとき、鎖目の内側1本のみをすくって糸を引く。

3	4	5	6

〔次の目に針を入れ、糸を引く〕を繰り返し、最後の目までとじ合わせたところ。	〔指定の場所に羽を合わせ、ボディの目と羽の目をすくい糸を引く〕を何度か繰り返し、羽を固定させる。	遠くの目から針を出し、糸を引きながら根元を切る。	もう片方の羽も同様に付けたら完成。

オカメインコの冠羽

* 見やすいように青い毛糸を使用しています。実際に使用する糸は編み図と作り方のページをご覧ください。

1	2	3	4
			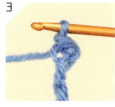
立ち上がりの鎖編みも含めて、鎖編みを6目編む（糸端は20cm残しておく）。	裏山の5目めに針を入れて引き抜き編みを編む。	引き抜き編みを編んだところ。	続けて引き抜き編みを4目編み進めたところ。合計5目編めた。

5	6	7	8	9

立ち上がりの鎖編みを含め、鎖を6目編む。	今編んだ鎖編みの裏山に引き抜き編みを5目編み進める（写真は編んだところ）。	一番最初に編んだ鎖編みはじめの鎖編み（写真1の①の目）に針を入れて、引き抜き編みを編む。	引き抜いたところ。	同様に立ち上がりの鎖編みを含めて鎖を6目編む（写真は編んだところ）。

10	11	12	13	14
				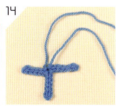
今編んだ鎖編みの裏山に引き抜き編みを5目編み進める（写真は編んだところ）。	編み地の表側を手前に向ける。	一番最初に編んだ鎖編みはじめの鎖編み（写真1の①の目）に針を入れて、引き抜き編みを編む。	編んだところ。	編み終わりの糸を20cmくらい残して切り、糸端を引き抜く。冠羽の完成。

編み目記号と編み方

この本に出てくる基本的な編み目記号と編み方

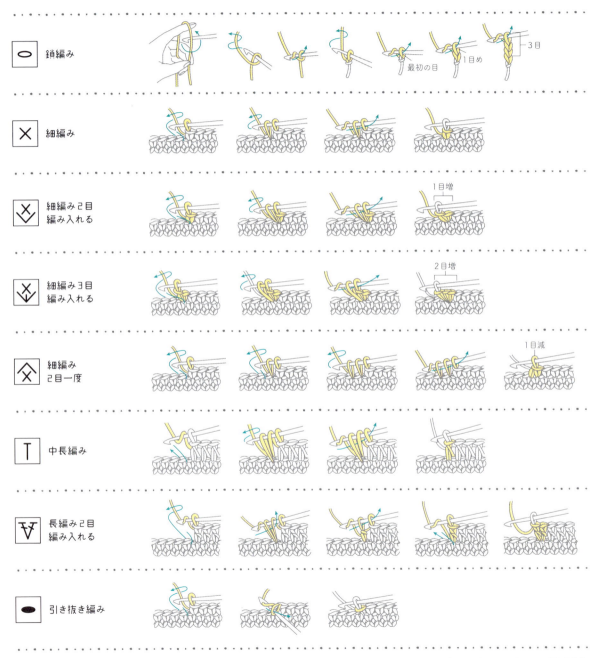

*このページのイラストは一方向に編み進んでいく場合です。往復編みの場合はできあがりの編み目が異なります。

編み図と作り方

ニワトリとヒヨコ

●ニワトリ

糸
ハマナカ ピッコロ 白(1) … 8g
ハマナカ ピッコロ 赤(26) … 2g
ハマナカ ピッコロ 明るい黄色(8) … 1g

かぎ針
4/0号

付属品他
目：ハマナカ 山高ボタン 黒(6mm) … 2個
綿

作り方
1. 各パーツを編む。
   （ボディは最終段を編む前に綿を8割程度入れる）
2. ボディに足りない分の綿を入れ、最終段に残り糸を通して絞ってとめる。
3. ボディに目を付ける。
4. 羽を半分に折り、向かい合う目同士を巻きかがる。
5. 尾羽に綿を入れ、尾羽の先を巻きかがる。
6. ボディにくちばし、とさか、肉垂、羽、尾羽を巻きかがる。

●ヒヨコ

糸
ハマナカ ピッコロ 黄色(42) … 3g
ハマナカ ピッコロ オレンジ(7) … 少々

かぎ針
4/0号

付属品他
目：ハマナカ ソリッドアイ 黒(5mm) … 2個
綿
ボンド

作り方
1. 各パーツを編む。
   （ボディは最終段を編む前に綿を8割程度入れる）
2. ボディに足りない分の綿を入れ、最終段に残り糸を通して絞ってとめる。
3. ボディに目を付ける。
4. ボディにくちばしを刺しゅうする。
5. 羽を半分に折り、向かい合う目同士を巻きかがる。
6. ボディに羽を巻きかがる。

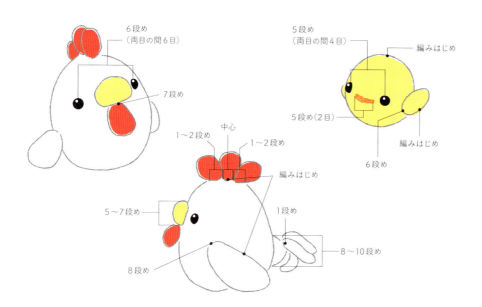

［ニワトリ］
とさか(3枚)
肉垂(1枚)

■ 赤(26)

段数	目数
3	4（−2）
2	6（+2）
1	わの中に細編み4目編み入れる

［ニワトリ］ボディ（1枚）

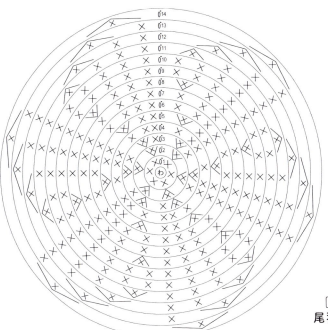

□ 白(1)

段数	目数
14	6(−6)
13	12(−6)
12	18(−6)
11	24(−6)
10	30
9	30
8	30(+6)
7	24
6	24
5	24(+6)
4	18
3	18(+6)
2	12(+6)
1	わの中に細編み6目編み入れる

［ニワトリ］くちばし（1枚）

□ 明るい黄色(8)

段数	目数
2	8
1	鎖2目に細編み8目編み入れる

［ニワトリ］尾羽（1枚）

□ 白(1)

段数	目数
2	9(+3)
1	わの中に細編み6目編み入れる

［ニワトリ］尾羽の先（1枚）

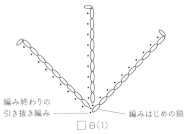

編み終わりの引き抜き編み　編みはじめの鎖

□ 白(1)

［ニワトリ］羽（2枚）

□ 白(1)

段数	目数
3	18(+6)
2	12(+6)
1	わの中に細編み6目編み入れる

［ヒヨコ］ボディ（1枚）

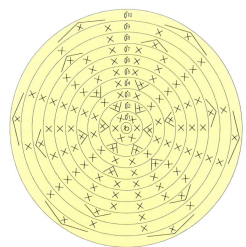

□ 黄色(42)

段数	目数
10	6(−6)
9	12
8	12(−6)
7	18
6	18
5	18
4	18(+6)
3	12
2	12(+6)
1	わの中に細編み6目編み入れる

［ヒヨコ］羽（2枚）

□ 黄色(42)

段数	目数
2	9(+3)
1	輪の中に細編み6目編み入れる

羽は外表に半分に折り向かい合う目をとじ合わせる

スズメ

糸

ハマナカ ピッコロ 茶色(21) … 6g
ハマナカ ピッコロ 濃いベージュ(38) … 2g
ハマナカ ピッコロ 白(1) … 2g
ハマナカ ピッコロ 黒(20) … 2g

かぎ針

4/0号

付属品他

目：ハマナカ 山高ボタン 黒(6mm)…2個
綿

作り方

1. 各パーツを編む。
   （ボディは最終段を編む前に綿を8割程度入れる）
2. ボディに足りない分の綿を入れ、最終段に残り糸を通して絞ってとめる。
3. ボディに目を付け、目の斜め下に黒い毛糸で刺しゅうをする。
4. 羽を半分に折り、向かい合う目同士を巻きかがる。
5. 羽と尾羽に黒い毛糸で刺しゅうをする。
6. 尾羽に綿を入れる。
7. ボディにくちばし、羽、尾羽を巻きかがる。

ボディ(1枚)

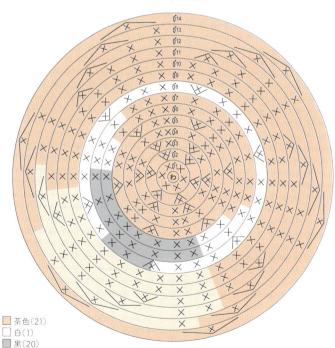

段数	目数
14	6(−6)
13	12(−6)
12	18(−6)
11	24(−6)
10	30
9	30
8	30(+6)
7	24
6	24
5	24(+6)
4	18
3	18(+6)
2	12(+6)
1	わの中に細編み6目編み入れる

■ 茶色(21)
□ 白(1)
■ 黒(20)
■ 濃いベージュ(38)

くちばし(1枚)

□ 濃いベージュ(38)

段数	目数
2	6(+2)
1	わの中に細編み4目編み入れる

尾羽(1枚)

■ 茶色(21)

段数	目数
3	9(+3)
2	6
1	わの中に細編み6目編み入れる

羽(2枚)

■ 茶色(21)

段数	目数
3	18(+6)
2	12(+6)
1	わの中に細編み6目編み入れる

羽は外表に半分に折り
向かい合う目をとじ合わせる

ニワトリのマグネット

Photo 28 ページ

糸
ハマナカ ピッコロ 白(1)…3g
ハマナカ ピッコロ 明るい黄色(8)…1g
ハマナカ ピッコロ 赤(26)…1g

かぎ針
4/0号

付属品他
目：ハマナカ 山高ボタン 黒(6mm)…2個
マグネット(直径40mm)…1個

作り方
1. 各パーツを編む。
2. 頭に目を付ける。
3. 頭をマグネットにかぶせ、最終段に残り糸を通し、引きしめてとめる。
4. 頭にくちばし、とさかを巻きかがる。

頭(1枚)

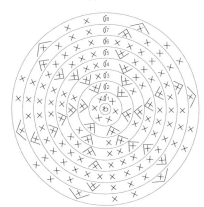

□ 白(1)

段数	目数
8	18(-6)
7	24(-6)
6	30
5	30(+6)
4	24(+6)
3	18(+6)
2	12(+6)
1	わの中に細編み6目編み入れる

くちばし(1枚)

□ 明るい黄色(8)

段数	目数
2	8
1	鎖2目に細編み8目編み入れる

とさか(1枚)

編み終わりの引き抜き編み　編みはじめの鎖
■ 赤(26)

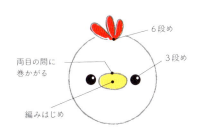

6段め
両目の間に巻かがる
3段め
編みはじめ

Photo 8-9ページ 文鳥

糸
A.桜文鳥
ハマナカ ピッコロ 黒(20) … 5g
ハマナカ ピッコロ グレー(33) … 5g
ハマナカ ピッコロ 白(1) … 2g
ハマナカ ピッコロ 濃いピンク(5) … 2g

B.白文鳥
ハマナカ ピッコロ 白(1) … 7g
ハマナカ ピッコロ 濃いピンク(5) … 2g

かぎ針
4/0号

付属品他
目：ハマナカ プラスチックアイ クリスタルアンバー(9mm)…各2個
綿
修正液

作り方
1. 各パーツを編む。
   （ボディは最終段を編む前に綿を8割程度入れる）
2. ボディに足りない分の綿を入れ、最終段に残り糸を通して絞ってとめる。
3. プラスチックアイの裏側を修正液で塗る。
4. ボディに目を付け、A.桜文鳥のみ目の下の模様を巻きかがる。
5. 羽を半分に折り、向かい合う目同士を巻きかがる。
6. くちばし、尾羽に綿を入れる。
7. ボディにくちばし、羽、尾羽を巻きかがる。

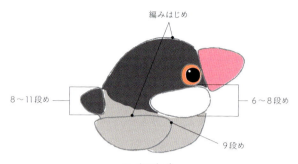

A.桜文鳥

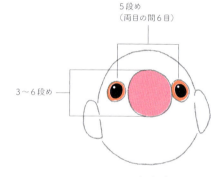

B.白文鳥

[A.桜文鳥]
目の下の模様(2枚)

☐ A：白(1)

段数	目数
1	鎖4目に細編み 14目編み入れる

※ 編み地の裏側を表に使用する

尾羽(1枚)

■ A：黒(20)
☐ B：白(1)

段数	目数
3	9(+3)
2	6
1	わの中に細編み 6目編み入れる

羽(2枚)

☐ A：グレー(33)
☐ B：白(1)

段数	目数
3	18(+6)
2	12(+6)
1	わの中に細編み 6目編み入れる

羽は外表に半分に折り
向かい合う目をとじ合わせる

ボディ（各1枚）

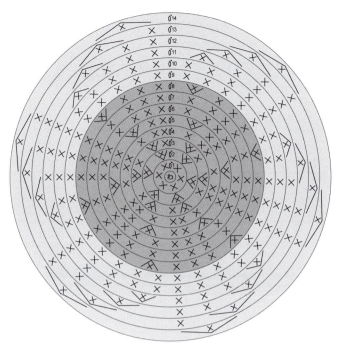

■ A：黒(20)
　B：白(1)
□ A：グレー(33)
　B：白(1)

段数	目数
14	6(－6)
13	12(－6)
12	18(－6)
11	24(－6)
10	30
9	30
8	30(＋6)
7	24
6	24
5	24(＋6)
4	18
3	18(＋6)
2	12(＋6)
1	わの中に細編み6目編み入れる

くちばし（各1枚）

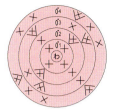

■ 濃いピンク(5)

段数	目数
4	12(＋3)
3	9(＋3)
2	6(＋2)
1	わの中に細編み4目編み入れる

ヒヨコのマグネット

Photo 28 ページ

糸

ハマナカ ピッコロ 黄色(42)… 2g
ハマナカ ピッコロ オレンジ(7)… 少々

かぎ針

4/0号

付属品他

目：ハマナカ ソリッドアイ 黒(3mm)… 2個
マグネット（直径20mm）… 1個
ニッパー（または爪切り）
ボンド

作り方

1. 頭を編む。
2. 頭に目をボンドで付け、裏側に出た余分な柄をニッパー（または爪切り）で切る。
3. くちばしをオレンジの糸で刺しゅうする。
4. 頭をマグネットにかぶせ、最終段に残り糸を通し、引きしめてとめる。

頭（1枚）

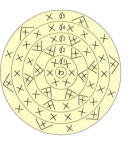

□ 黄色(42)

段数	目数
5	12(－6)
4	18
3	18(＋6)
2	12(＋6)
1	わの中に細編み6目編み入れる

両目の間に刺しゅう
2段め
編みはじめ

セキセイインコ

糸

A
ハマナカ ピッコロ 明るい黄色(8)…5g
ハマナカ ピッコロ 黄緑(9)…5g
ハマナカ ピッコロ 黒(20)…2g
ハマナカ ピッコロ ピンク(4)…1g
ハマナカ ピッコロ 青(23)…少々

B
ハマナカ ピッコロ 白(1)…5g
ハマナカ ピッコロ 水色(12)…4g
ハマナカ ピッコロ 黒(20)…2g
ハマナカ ピッコロ 黄色(42)…1g
ハマナカ ピッコロ 青(23)…3g

C
ハマナカ ピッコロ 明るい黄色(8)…8g
ハマナカ ピッコロ ピンク(4)…1g

かぎ針

4/0号、6/0号(AとBの羽のみ)

付属品他

目:ハマナカ 山高ボタン 黒(6mm)…各2個
綿

作り方

1. 各パーツを編む。
   (AとBの羽のみ2本どりで6/0号針で編む)
   (ボディは最終段を編む前に綿を8割程度入れる)
2. ボディに足りない分の綿を入れ、最終段に残り糸を通して絞ってとめる。
3. ボディに目を付け、AとBは目の斜め下に青い毛糸で刺しゅうをする。
4. 羽を半分に折り、向かい合う目同士を巻きかがる。
5. 尾羽に綿を入れる。
6. ボディにくちばし、羽、尾羽を巻きかがる。

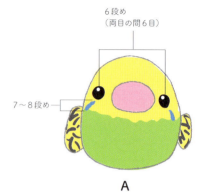

A

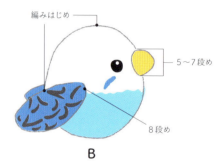

B

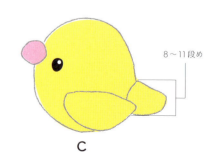

C

ボディ（各1枚）

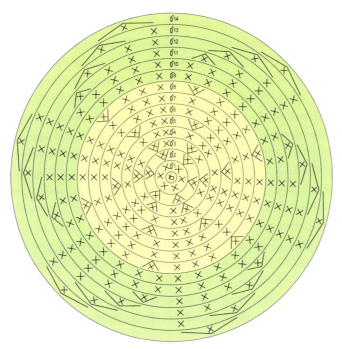

■ A：明るい黄色(8)
　B：白(1)
　C：明るい黄色(8)
■ A：黄緑(9)
　B：水色(12)
　C：明るい黄色(8)

段数	目数
14	6（−6）
13	12（−6）
12	18（−6）
11	24（−6）
10	30
9	30
8	30（+6）
7	24
6	24
5	24（+6）
4	18
3	18（+6）
2	12（+6）
1	わの中に細編み6目編み入れる

尾羽（各1枚）

■ A：黄緑(9)
　B：水色(12)
　C：明るい黄色(8)

段数	目数
3	9（+3）
2	6
1	わの中に細編み6目編み入れる

［A・B］羽（各2枚）

■ A：明るい黄色(8)＋黒(20)
　B：青(23)＋黒(20)

段数	目数
2	12（+6）
1	わの中に細編み6目編み入れる

＊2色を1本ずつ2本どりで6/0号針で編む

［C］羽（2枚）

■ C：明るい黄色(8)

段数	目数
3	18（+6）
2	12（+6）
1	わの中に細編み6目編み入れる

くちばし（各1枚）

■ A・C：ピンク(4)
　B：黄色(42)

段数	目数
2	8
1	鎖2目に細編み8目編み入れる

羽は外表に半分に折り
向かい合う目をとじ合わせる

Photo 11 ページ オカメインコ

糸

A
ハマナカ ピッコロ 薄い黄色(41)…5g
ハマナカ ピッコロ グレー(33)…5g
ハマナカ ピッコロ ピンク(4)…1g
ハマナカ ピッコロ オレンジ(7)…1g

B
ハマナカ ピッコロ 薄い黄色(41)…5g
ハマナカ ピッコロ 白(1)…5g
ハマナカ ピッコロ ピンク(4)…1g
ハマナカ ピッコロ オレンジ(7)…1g

C
ハマナカ ピッコロ グレー(33)…8g
ハマナカ ピッコロ ピンク(4)…1g
ハマナカ ピッコロ オレンジ(7)…1g

D
ハマナカ ピッコロ 薄い黄色(41)…8g
ハマナカ ピッコロ ピンク(4)…1g
ハマナカ ピッコロ オレンジ(7)…1g

かぎ針

4/0号

付属品他

目：ハマナカ 山高ボタン 黒(6mm)…各2個
綿

作り方

1. 各パーツを編む。
   （ボディは最終段を編む前に綿を8割程度入れる）
2. ボディに足りない分の綿を入れ、最終段に残り糸を通して絞ってとめる。
3. ボディに目を付け、目の斜め下にほっぺの模様を巻きかがる。
4. 羽を半分に折り、向かい合う目同士を巻きかがる。
5. 尾羽に綿を入れる。
6. ボディに冠羽、くちばし、羽、尾羽を巻きかがる。

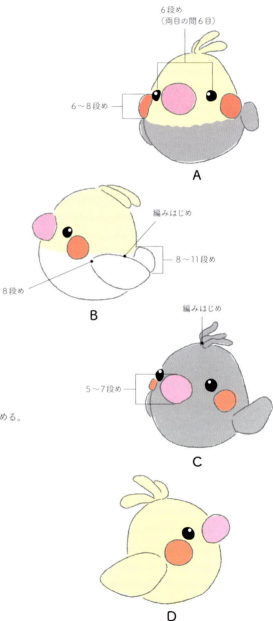

ボディ(各1枚)

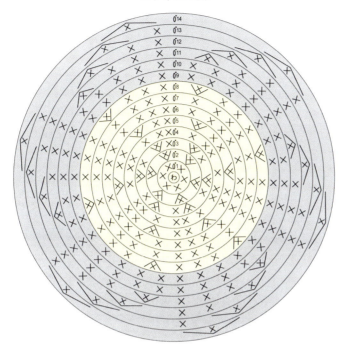

- □ A・B:薄い黄色(41)
  C:グレー(33)
  D:薄い黄色(41)
- ■ A:グレー(33)
  B:白(1)
  C:グレー(33)
  D:薄い黄色(41)

段数	目数
14	6(−6)
13	12(−6)
12	18(−6)
11	24(−6)
10	30
9	30
8	30(+6)
7	24
6	24
5	24(+6)
4	18
3	18(+6)
2	12(+6)
1	わの中に細編み6目編み入れる

尾羽(各1枚)

- ■ A・C:グレー(33)
  B:白(1)
  D:薄い黄色(41)

段数	目数
3	9(+3)
2	6
1	わの中に細編み6目編み入れる

羽(各2枚)

- ■ A・C:グレー(33)
  B:白(1)
  D:薄い黄色(41)

段数	目数
3	18(+6)
2	12(+6)
1	わの中に細編み6目編み入れる

冠羽(各1枚)

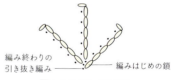

編み終わりの引き抜き編み　編みはじめの鎖

- □ A・B・D:薄い黄色(41)
  ■ C:グレー(33)

羽は外表に半分に折り向かい合う目をとじ合わせる

ほっぺの模様(各2枚)

- ■ オレンジ(7)

段数	目数
1	わの中に細編み8目編み入れる

くちばし(各1枚)

- ■ ピンク(4)

段数	目数
2	8
1	鎖2目に細編み8目編み入れる

フクロウ

Photo 12-13 ページ

糸

A
- ハマナカ ピッコロ 茶色(21) … 6g
- ハマナカ ピッコロ ベージュ(16) … 3g
- ハマナカ ピッコロ こげ茶色(17) … 3g
- ハマナカ ピッコロ 白(1) … 2g
- ハマナカ ピッコロ 黄色(42) … 5g

B
- ハマナカ ピッコロ グレー(33) … 8g
- ハマナカ ピッコロ ベージュ(16) … 3g
- ハマナカ ピッコロ 白(1) … 2g
- ハマナカ ピッコロ 黄色(42) … 5g

かぎ針

4/0号

付属品他

目：ハマナカ プラスチックアイ ライトブラウン(9mm) … 各2個
綿

作り方

1. 各パーツを編む。（ボディは最終段を編む前に綿を8割程度入れる）
2. ボディに足りない分の綿を入れ、最終段に残り糸を通して絞ってとめる。
3. 目のまわりに目を付け、ボディに目のまわりを巻きかがる。
4. 羽を半分に折り、向かい合う目同士を巻きかがる。
5. 目のまわりにくちばしを縦に巻きかがる。
6. ボディにこげ茶色で模様を刺しゅうする。
7. ボディに羽を巻きかがる。

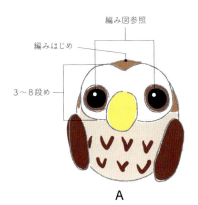

A

B

羽 (各2枚)

■ A：こげ茶色(17)
■ B：グレー(33)

段数	目数
3	18(+6)
2	12(+6)
1	わの中に細編み6目編み入れる

羽は外表に半分に折り
向かい合う目をとじ合わせる

ボディ (各1枚)

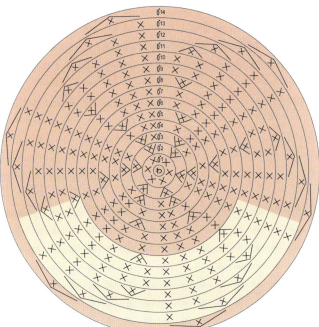

■ A：茶色(21)、B：グレー(33)
□ A・B：ベージュ(16)

段数	目数
14	6(−6)
13	12(−6)
12	18(−6)
11	24(−6)
10	30
9	30
8	30(+6)
7	24
6	24
5	24(+6)
4	18
3	18(+6)
2	12(+6)
1	わの中に細編み6目編み入れる

くちばし（1枚）

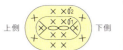

上側　下側

☐ 黄色(42)

段数	目数
2	8
1	鎖2目に細編み 8目編み入れる

＊編み目の裏側を表に使用する

目のまわり（1枚）

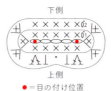

下側

上側

☐ 白

段数	目数
2	20(+6)
1	鎖5目に細編み 14目編み入れる

●＝目の付け位置

＊編み目の裏側を表に使用する

オカメインコのストラップ

Photo 28ページ

糸
- ハマナカ ピッコロ 薄い黄色(41) … 3g
- ハマナカ ピッコロ グレー(33) … 3g
- ハマナカ ピッコロ ピンク(4) … 1g
- ハマナカ ピッコロ オレンジ(7) … 1g
- ハマナカ ピッコロ ペールオレンジ(3) … 1g

かぎ針
4/0号

付属品他
- 目：ハマナカ 山高ボタン 黒(6mm) … 2個
- 丸カン … 1個
- ストラップ金具 … 1本
- 綿

作り方
1. 各パーツを編む。
2. ボディに綿を入れて最終段に残り糸を通し、引きしめてとめる。
3. ボディに目を付ける。
4. 羽を半分に折り、向かい合う目同士を巻きかがる。
5. ボディに、冠羽、くちばし、ほっぺの模様、羽、足を巻きかがる。
6. ボディに丸カンを縫い付ける。

冠羽（1枚）

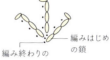

編み終わりの引き抜き編み　編みはじめの鎖

☐ 薄い黄色(41)

くちばし（1枚）

☐ ピンク(4)

段数	目数
2	6(+2)
1	わの中に細編み 4目編み入れる

ほっぺの模様（2枚）

☐ オレンジ(7)

段数	目数
1	わの中に細編み 6目編み入れる

足（2枚）

☐ ペールオレンジ(3)

段数	目数
1	わの中に細編み 4目編み入れる

羽（2枚）

☐ グレー(33)

段数	目数
2	9(+3)
1	わの中に細編み 6目編み入れる

*丸カンは6段めに縫い付ける

5段め　2段め　編み図参照　編みはじめ　6段め　3〜5段め　5〜6段め

ボディ（1枚）

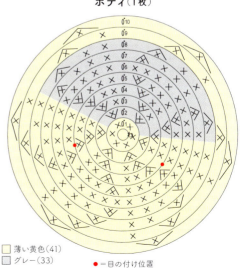

段数	目数
10	6(−6)
9	12(−6)
8	18(−6)
7	24(−6)
6	30
5	30(+6)
4	24(+6)
3	18(+6)
2	12(+6)
1	わの中に細編み 6目編み入れる

☐ 薄い黄色(41)
☐ グレー(33)

●＝目の付け位置

コウテイペンギンの赤ちゃん

糸

ハマナカ ピッコロ 黒(20) … 3g
ハマナカ ピッコロ グレー(33) … 5g
ハマナカ ピッコロ 白(1) … 2g

かぎ針

4/0 号

付属品他

目：ハマナカ 山高ボタン 黒(6mm) … 2個
綿

作り方

1. 各パーツを編む。
（ボディは最終段を編む前に綿を8割程度入れる）
2. ボディに足りない分の綿を入れ、最終段に残り糸を通して絞ってとめる。
3. ボディに目を付ける。
4. 羽を半分に折り、向かい合う目同士を巻きかがる。
5. ボディにくちばし、羽を巻きかがる。

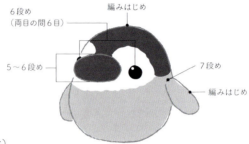

くちばし(1枚)

■ 黒(20)

段数	目数
2	8
1	鎖2目に細編み 8目編み入れる

ボディ(1枚)

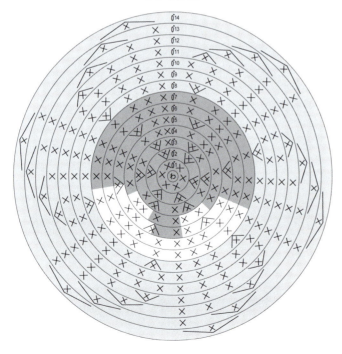

■ 黒(20)
□ 白(1)
□ グレー(33)

段数	目数
14	6(-6)
13	12(-6)
12	18(-6)
11	24(-6)
10	30
9	30
8	30(+6)
7	24
6	24
5	24(+6)
4	18
3	18(+6)
2	12(+6)
1	わの中に細編み 6目編み入れる

羽(2枚)

□ グレー(33)

段数	目数
2	12(+6)
1	わの中に細編み 6目編み入れる

羽は外表に半分に折り
向かい合う目をとじ合わせる

イワトビペンギン

Photo 14-15 ページ

糸
ハマナカ ピッコロ 黒(20) … 5g
ハマナカ ピッコロ 白(1) … 3g
ハマナカ ピッコロ 赤(26) … 1g
ハマナカ ピッコロ 明るい黄色(8) … 5g

かぎ針
4/0号

付属品他
目：ハマナカ 山高ボタン 黒(6mm) … 2個
綿

作り方
1. 各パーツを編む。
   （ボディは最終段を編む前に綿を8割程度入れる）
2. ボディに足りない分の綿を入れ、最終段に残り糸を通して絞ってとめる。
3. ボディに目を付ける。
4. 目の上に黄色い毛糸で刺しゅうをし、飾り毛を付ける。
5. 羽を半分に折り、向かい合う目同士を巻きかがる。
6. ボディにくちばし、羽を巻きかがる。

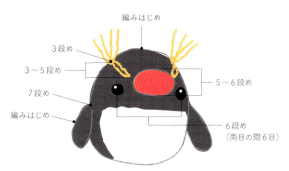

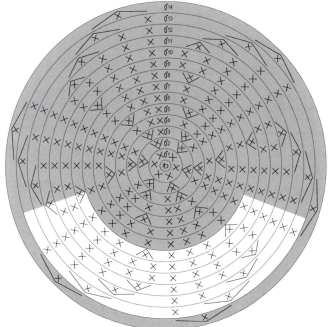

ボディ(1枚)

■ 黒(20)
□ 白(1)

段数	目数
14	6(-6)
13	12(-6)
12	18(-6)
11	24(-6)
10	30
9	30
8	30(+6)
7	24
6	24
5	24(+6)
4	18
3	18(+6)
2	12(+6)
1	わの中に細編み6目編み入れる

くちばし(1枚)

■ 赤(26)

段数	目数
2	8
1	鎖2目に細編み8目編み入れる

羽(2枚)

■ 黒(20)

段数	目数
2	12(+6)
1	わの中に細編み6目編み入れる

55

カモの親子とアヒル

糸

A. カモのお父さん
ハマナカ ピッコロ 濃い緑(10)…4g
ハマナカ ピッコロ グレー(33)…3g
ハマナカ ピッコロ 赤茶色(29)…3g
ハマナカ ピッコロ 白(1)…2g
ハマナカ ピッコロ 明るい黄色(8)…2g
ハマナカ ピッコロ こげ茶色(17)…2g

B. カモのお母さん
ハマナカ ピッコロ こげ茶色(17)…5g
ハマナカ ピッコロ 濃いベージュ(38)…3g

C. カモの赤ちゃん
ハマナカ モヘア 茶色(14)…3g
ハマナカ モヘア 黄色(30)…2g
ハマナカ モヘア こげ茶色(52)…1g

D. アヒル
ハマナカ ピッコロ 白(1)…7g
ハマナカ ピッコロ 明るい黄色(8)…2g

かぎ針

4/0号(A.カモのお父さん、B.カモのお母さん、D.アヒル)
3/0号(C.カモの赤ちゃん)

付属品他

目：ハマナカ 山高ボタン 黒(6mm)…2個
　　(A.カモのお父さん、B.カモのお母さん、D.アヒル)
　　ハマナカ ソリッドアイ 黒(4mm)…2個
　　(C.カモの赤ちゃん)

綿
ボンド(C.かもの赤ちゃんのみ)

作り方

1. 各パーツを編む。
   (ボディは最終段を編む前に綿を8割程度入れる)
2. ボディに足りない分の綿を入れ、最終段の向かい合う目同士を残り糸で巻きかがる。
3. 頭に綿を入れて目を付け、くちばしを巻きかがる。
4. 羽を半分に折り、向かい合う目同士を巻きかがる。カモのお母さんはボディと羽に濃いベージュの毛糸で模様を刺しゅうする。
5. ボディに頭、羽を巻きかがる。

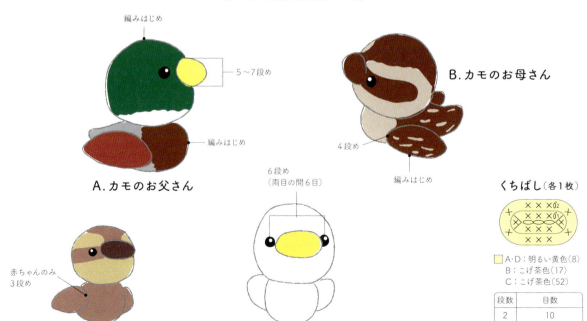

56

［A・D］頭（各1枚）

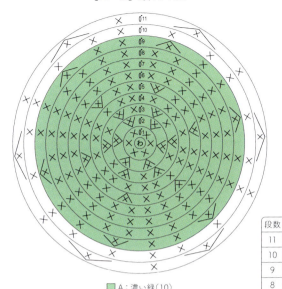

■ A：濃い緑(10)
　 D：白(1)
□ A：白(1)
　 D：白(1)

［B・C］頭（各1枚）

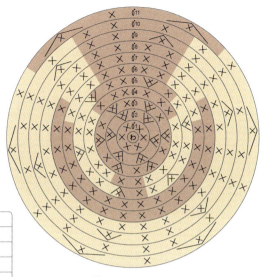

■ B：こげ茶色(17)
　 C：茶色(14)
□ B：濃いベージュ(38)
　 C：黄色(30)

段数	目数
11	12(−6)
10	18
9	18(−6)
8	24
7	24
6	24
5	24(+6)
4	18
3	18(+6)
2	12(+6)
1	わの中に細編み6目編み入れる

ボディ（各1枚）

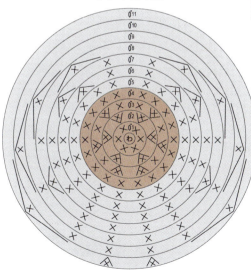

■ A：こげ茶色(17)
　 B：濃いベージュ(38)
　 C：茶色(14)
　 D：白(1)
□ A：グレー(33)
　 B：こげ茶色(17)
　 C：茶色(14)
　 D：白(1)

羽（各2枚）

■ A：赤茶色(29)
　 B：こげ茶色(17)
　 C：茶色(14)
　 D：白(1)

段数	目数
11	6
10	6(−2)
9	8(−2)
8	10(−4)
7	14(−2)
6	16(−2)
5	18
4	18
3	18(+6)
2	12(+6)
1	わの中に細編み6目編み入れる

段数	目数
3	18(+6)
2	12(+6)
1	わの中に細編み6目編み入れる

羽は外表に半分に折り
向かい合う目をとじ合わせる

モモイロインコ

糸

ハマナカ ピッコロ グレー(33) … 8g
ハマナカ ピッコロ 濃いピンク(5) … 5g
ハマナカ ピッコロ 薄いピンク(40) … 3g
ハマナカ ピッコロ 薄い黄色(41) … 2g

かぎ針

4/0号、3/0号(足のみ)

付属品他

目：ハマナカ 山高ボタン 黒(6mm) … 2個
綿

作り方

1. 各パーツを編む。
2. ボディに綿を入れ、最終段の向かい合う目同士を残り糸で巻きかがる。
3. ボディに目を付ける。
4. 羽を半分に折り、向かい合う目同士を巻きかがる。
5. 尾羽に綿を入れる。
6. ボディに冠羽、くちばし、羽、尾羽、足を巻きかがる。

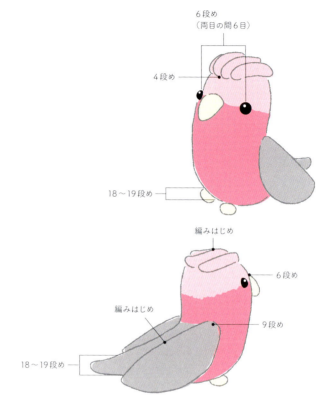

羽(2枚)

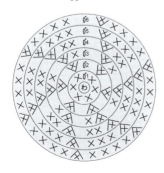

□ グレー(33)

段数	目数
6	36(+6)
5	30(+6)
4	24(+6)
3	18(+6)
2	12(+6)
1	わの中に細編み6目編み入れる

羽は外表に半分に折り
向かい合う目をとじ合わせる

冠羽(1枚)

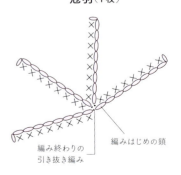

□ 薄いピンク(40)

ボディ(1枚)

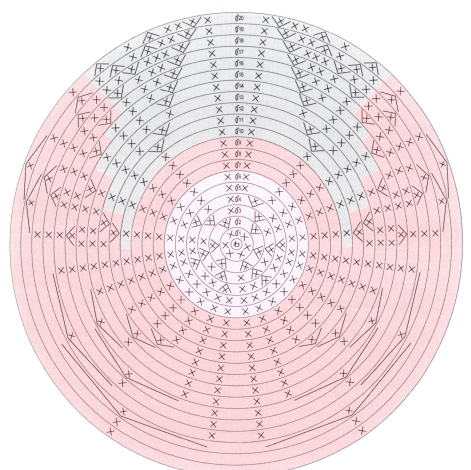

□ 薄いピンク(40)
□ 濃いピンク(5)
□ グレー(33)

段数	目数
20	22(−4)
19	26(−6)
18	32(−2)
17	34
16	34(+4)
15	30
14	30(+2)
13	28
12	28(+2)
11	26(+2)
10	24
9	24
8	24
7	24
6	24
5	24
4	24(+6)
3	18(+6)
2	12(+6)
1	わの中に細編み6目編み入れる

足(2枚)

□ 薄い黄色(41)

段数	目数
2	4
1	わの中に細編み4目編み入れる

* 3/0号で編む

くちばし(1枚)

□ 薄い黄色(41)

段数	目数
3	6(+2)
2	4
1	わの中に細編み4目編み入れる

尾羽(1枚)

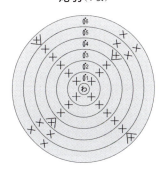

□ グレー(33)

段数	目数
6	8(+2)
5	6
4	6(+2)
3	4
2	4
1	わの中に細編み4目編み入れる

ボタンインコ

Photo 20-21 ページ

糸

A
ハマナカ ピッコロ 明るい黄色(8) … 10g
ハマナカ ピッコロ 山吹色(25) … 6g
ハマナカ ピッコロ 赤(26) … 2g
ハマナカ ピッコロ グレー(33) … 2g
ハマナカ ピッコロ 白(1) … 1g

B
ハマナカ ピッコロ 黄緑(9) … 9g
ハマナカ ピッコロ 山吹色(25) … 5g
ハマナカ ピッコロ 明るい黄色(8) … 3g
ハマナカ ピッコロ 赤(26) … 2g
ハマナカ ピッコロ グレー(33) … 2g
ハマナカ ピッコロ 白(1) … 1g

C
ハマナカ ピッコロ 緑(24) … 8g
ハマナカ ピッコロ こげ茶色(17) … 5g
ハマナカ ピッコロ 黄緑(9) … 3g
ハマナカ ピッコロ 明るい黄色(8) … 3g
ハマナカ ピッコロ 赤(26) … 2g
ハマナカ ピッコロ グレー(33) … 2g
ハマナカ ピッコロ 白(1) … 1g

D
ハマナカ ピッコロ 濃い青(13) … 8g
ハマナカ ピッコロ こげ茶色(17) … 5g
ハマナカ ピッコロ グレー(33) … 3g
ハマナカ ピッコロ 薄紫(37) … 3g
ハマナカ ピッコロ 薄いピンク(40) … 3g
ハマナカ ピッコロ 白(1) … 1g

E
ハマナカ ピッコロ ターコイズ(43) … 8g
ハマナカ ピッコロ こげ茶色(17) … 5g
ハマナカ ピッコロ グレー(33) … 3g
ハマナカ ピッコロ 水色(12) … 3g
ハマナカ ピッコロ 薄いピンク(40) … 3g
ハマナカ ピッコロ 白(1) … 1g

かぎ針

4/0号、3/0号（足のみ）

付属品他

目：ハマナカ プラスチックアイ クリアー(9mm) … 2個
修正液、綿

作り方

1. 各パーツを編む。
2. ボディに綿を入れ、最終段の向かい合う目同士を残り糸で巻きかがる。
3. プラスチックアイの裏側を修正液で塗る。
4. ボディに目を付ける。
5. 羽を半分に折り、向かい合う目同士を巻きかがる。
6. 尾羽に綿を入れる。
7. ボディにくちばし、羽、尾羽、足を巻きかがる。

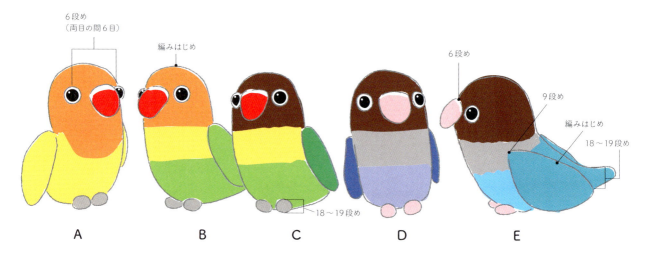

A　B　C　D　E

[A] ボディ(1枚)

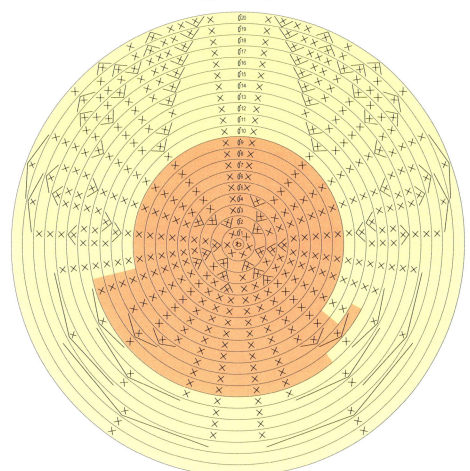

■ 山吹色(25)
□ 明るい黄色(8)

段数	目数
20	22(-4)
19	26(-6)
18	32(-2)
17	34
16	34(+4)
15	30
14	30(+2)
13	28
12	28(+2)
11	26(+2)
10	24
9	24
8	24
7	24
6	24
5	24
4	24(+6)
3	18(+6)
2	12(+6)
1	わの中に細編み6目編み入れる

羽(各2枚)

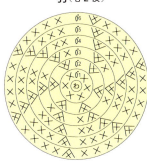

□ A：明るい黄色(8)
　B：黄緑(9)
　C：緑(24)
　D：濃い青(13)
　E：ターコイズ(43)

段数	目数
6	36(+6)
5	30(+6)
4	24(+6)
3	18(+6)
2	12(+6)
1	わの中に細編み6目編み入れる

羽は外表に半分に折り
向かい合う目をとじ合わせる

足(各2枚)

□ A・B・C：グレー(33)
　D・E：薄いピンク(40)

段数	目数
2	4
1	わの中に細編み4目編み入れる

*3/0号針で編む

61

[B] ボディ (1枚)

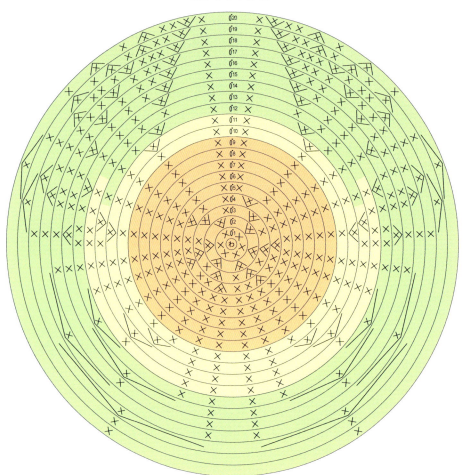

■ 山吹色(25)
■ 明るい黄色(8)
■ 黄緑(9)

段数	目数
20	22(−4)
19	26(−6)
18	32(−2)
17	34
16	34(+4)
15	30
14	30(+2)
13	28
12	28(+2)
11	26(+2)
10	24
9	24
8	24
7	24
6	24
5	24
4	24(+6)
3	18(+6)
2	12(+6)
1	わの中に細編み6目編み入れる

くちばし (各1枚)

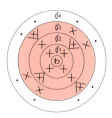

■ A・B・C：赤(26)、D・E：薄いピンク(40)
□ 白(1)

段数	目数
4	8
3	8(+2)
2	6(+2)
1	わの中に細編み4目編み入れる

尾羽 (各1枚)

□ A：明るい黄色(8)
B：黄緑(9)
C：緑(24)
D：濃い青(13)
E：ターコイズ(43)

段数	目数
4	8(+2)
3	6(+2)
2	4
1	わの中に細編み4目編み入れる

[C・D・E] ボディ（各1枚）

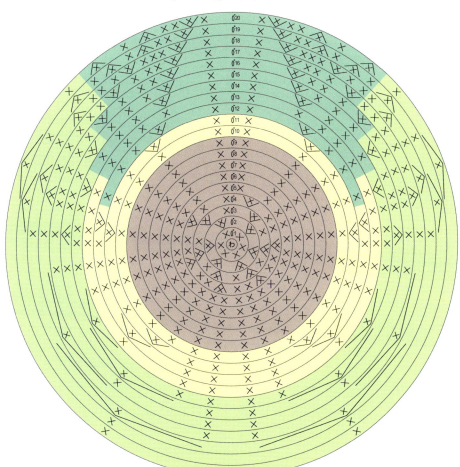

- C・D・E：こげ茶色(17)
- C：明るい黄色(8)
- D・E：グレー(33)
- C：緑(24)
- D：濃い青(13)
- E：ターコイズ(43)
- C：黄緑(9)
- D：薄紫(37)
- E：水色(12)

段数	目数
20	22(−4)
19	26(−6)
18	32(−2)
17	34
16	34(+4)
15	30
14	30(+2)
13	28
12	28(+2)
11	26(+2)
10	24
9	24
8	24
7	24
6	24
5	24
4	24(+6)
3	18(+6)
2	12(+6)
1	わの中に細編み6目編み入れる

63

コザクラインコ

糸

A
ハマナカ ピッコロ 明るい黄色(8) … 11g
ハマナカ ピッコロ サーモンピンク(44) … 3g
ハマナカ ピッコロ オレンジ(7) … 2g
ハマナカ ピッコロ 黄色(42) … 2g

B
ハマナカ ピッコロ 黄緑(9) … 11g
ハマナカ ピッコロ サーモンピンク(44) … 3g
ハマナカ ピッコロ オレンジ(7) … 2g
ハマナカ ピッコロ 黄色(42) … 2g

かぎ針

4/0号、3/0号(足のみ)

付属品他

目:ハマナカ 山高ボタン 黒(6mm) … 各2個
綿

作り方

1. 各パーツを編む。
2. ボディに綿を入れ、最終段の向かい合う目同士を残り糸で巻きかがる。
3. ボディに目を付ける。
4. 羽を半分に折り、向かい合う目同士を巻きかがる。
5. 尾羽に綿を入れる。
6. ボディにくちばし、羽、尾羽、足を巻きかがる。

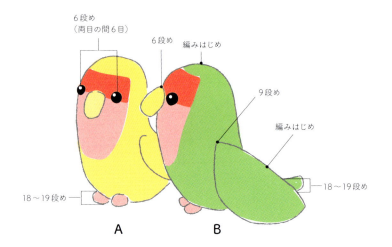

くちばし(各1枚)

□ 黄色(42)

段数	目数
3	8(+2)
2	6(+2)
1	わの中に細編み4目編み入れる

尾羽(1枚)

□ A:明るい黄色(8)
□ B:黄緑(9)

段数	目数
4	8(+2)
3	6(+2)
2	4
1	わの中に細編み4目編み入れる

ボディ(1枚)

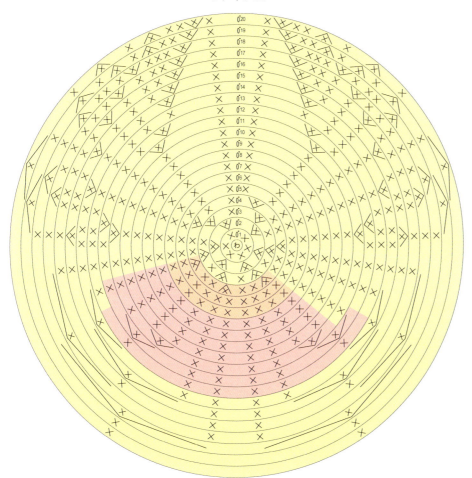

- A：明るい黄色(8)
- B：黄緑(9)
- A・B：オレンジ(7)
- A・B：サーモンピンク(39)

段数	目数
20	22(−4)
19	26(−6)
18	32(−2)
17	34
16	34(+4)
15	30
14	30(+2)
13	28
12	28(+2)
11	26(+2)
10	24
9	24
8	24
7	24
6	24
5	24
4	24(+6)
3	18(+6)
2	12(+6)
1	わの中に細編み6目編み入れる

羽(各2枚)

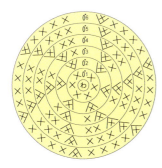

- A：明るい黄色(8)
- B：黄緑(9)

段数	目数
6	36(+6)
5	30(+6)
4	24(+6)
3	18(+6)
2	12(+6)
1	わの中に細編み6目編み入れる

羽は外表に半分に折り
向かい合う目をとじ合わせる

足(各2枚)

- サーモンピンク(44)

段数	目数
2	4
1	わの中に細編み4目編み入れる

*3/0号針で編む

コンゴウインコ

糸

A.
ハマナカ ピッコロ 赤(26) … 10g
ハマナカ ピッコロ 白(1) … 2g
ハマナカ ピッコロ 黒(20) … 2g
ハマナカ ピッコロ ペールオレンジ(3) … 2g
ハマナカ ピッコロ 明るい黄色(8) または 黄緑(9) … 2g
ハマナカ ピッコロ 濃い青(13) … 2g
ハマナカ ピッコロ グレー(33) … 1g

B.
ハマナカ ピッコロ 青(23) … 8g
ハマナカ ピッコロ 濃い青(13) … 3g
ハマナカ ピッコロ グレー(33) … 1g
ハマナカ ピッコロ 明るい黄色(8) … 4g
ハマナカ ピッコロ 白(1) … 2g
ハマナカ ピッコロ 黄緑(9) … 1g
ハマナカ ピッコロ 黒(20) … 4g

かぎ針

4/0号、3/0号(足のみ)

付属品他

目：ハマナカ 山高ボタン 黒(6mm) … 各2個
綿

作り方

1. 各パーツを編む。
2. ボディに綿を入れ、最終段の向かい合う目同士を残り糸で巻きかがる。
3. ボディに目を付ける。
4. 羽を半分に折り、向かい合う目同士を編み地と同じ色の糸で巻きかがる。
5. くちばしの上と下の一部を巻きかがり、綿を入れる。
6. 尾羽に綿を入れる。
7. ボディにくちばし、羽、尾羽、足を巻きかがる。

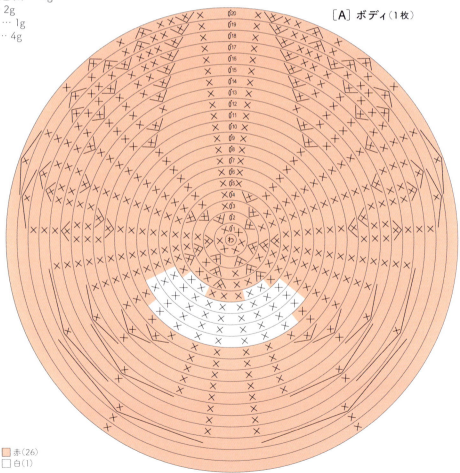

[A] ボディ(1枚)

段数	目数
20	22(-4)
19	26(-6)
18	32(-2)
17	34
16	34(+4)
15	30
14	30(+2)
13	28
12	28(+2)
11	26(+2)
10	24
9	24
8	24
7	24
6	24
5	24
4	24(+6)
3	18(+6)
2	12(+6)
1	わの中に細編み6目編み入れる

■ 赤(26)
□ 白(1)

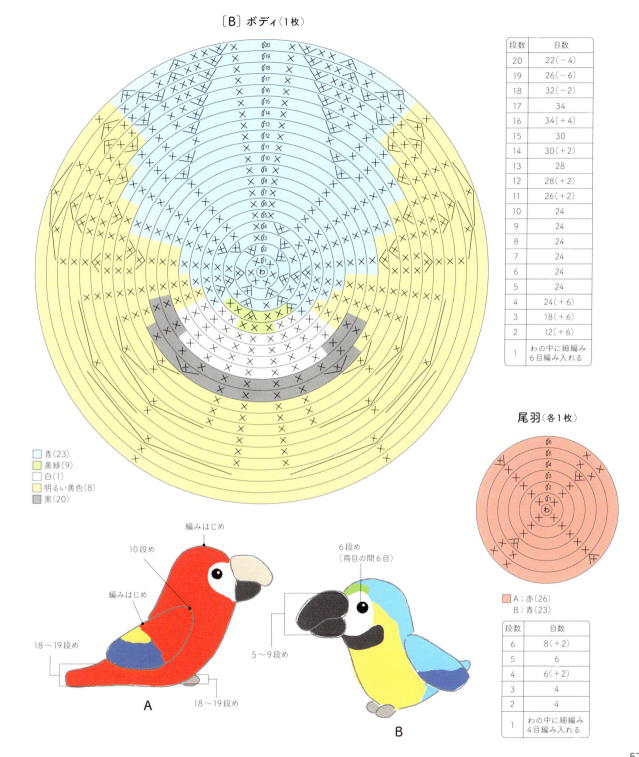

上くちばし（各1枚）

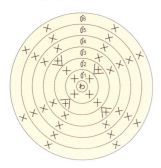

☐ A：ペールオレンジ(3)
　 B：黒(20)

段数	目数
6	8
5	8
4	8
3	8(+2)
2	6(+2)
1	わの中に細編み4目編み入れる

下くちばし（各1枚）

■ 黒(20)

段数	目数
3	8(+2)
2	6(+2)
1	わの中に細編み4目編み入れる

上くちばし
下くちばし
2目巻かがる

[A] 羽（2枚）

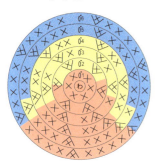

段数	目数
6	36(+6)
5	30(+6)
4	24(+6)
3	18(+6)
2	12(+6)
1	わの中に細編み6目編み入れる

■ 赤(26)
■ 明るい黄色(8)または黄緑(9)
■ 濃い青(13)

羽は外表に半分に折り
向かい合う目をとじ合わせる

[B] 羽（2枚）

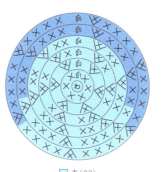

■ 青(23)
■ 濃い青(13)

足（各2枚）

☐ グレー(33)

段数	目数
2	4
1	わの中に細編み4目編み入れる

＊3/0号針で編む

キバタン

Photo 22-23 ページ

●たまご形

糸
ハマナカ ピッコロ 白(1) … 7g
ハマナカ ピッコロ 黒(20) … 3g
ハマナカ ピッコロ 明るい黄色(8) … 2g

かぎ針
4/0号

付属品他
目：ハマナカ プラスチックアイ クリアー（12mm）… 2個
修正液
綿

作り方
1. 各パーツを編む。ボディ・羽・尾羽は白い糸で42～43ページのニワトリと同様に、くちばしは黒い糸で68ページのコンゴウインコと同様に編む。
（ボディは最終段を編む前に綿を8割程度入れる）
2. ボディに足りない分の綿を入れ、最終段に残り糸を通して絞ってとめる。
3. プラスチックアイの裏側を修正液で塗る。
4. ボディに目を付ける。
5. 羽を半分に折り、向かい合う目同士を巻きかがる。
6. くちばしの上と下の一部を巻きかがり、綿を入れる。
7. 尾羽に綿を入れる。
8. ボディに冠羽、くちばし、羽、尾羽を巻きかがる。

●リアル形

糸
ハマナカ ピッコロ 白(1) … 13g
ハマナカ ピッコロ 黒(20) … 3g
ハマナカ ピッコロ 明るい黄色(8) … 2g
ハマナカ ピッコロ グレー(33) … 1g

かぎ針
4/0号、3/0号（足のみ）

付属品他
目：ハマナカ プラスチックアイ クリアー（12mm）… 2個
修正液
綿

作り方
1. 各パーツを編む。ボディ・羽・尾羽は白い糸、足はグレージの糸で64～65ページのコザクラインコと同様に、くちばしは黒い糸で68ページのコンゴウインコと同様に編む。
2. ボディに綿を入れ、最終段の向かい合う目同士を残り糸で巻きかがる。
3. プラスチックアイの裏側を修正液で塗る。
4. ボディに目を付ける。
5. 羽を半分に折り、向かい合う目同士を巻きかがる。
6. くちばしの上と下の一部を巻きかがり、綿を入れる。
7. 尾羽に綿を入れる。
8. ボディに冠羽、くちばし、羽、尾羽、足を巻きかがる。

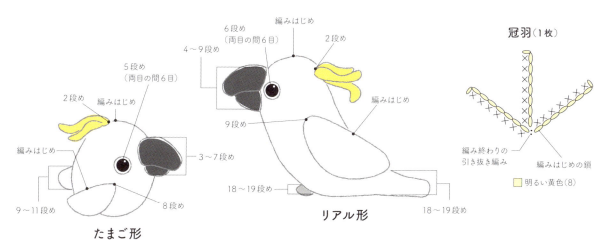

ボタンインコとセキセイインコのバッジ

Photo 28ページ

糸

A. ボタンインコ
ハマナカ ピッコロ 山吹色(25)…2g
ハマナカ ピッコロ 黄緑(9)…2g
ハマナカ ピッコロ 緑(24)…2g
ハマナカ ピッコロ 明るい黄色(8)…1g
ハマナカ ピッコロ 赤(26)…1g
ハマナカ ピッコロ ペールオレンジ(3)…1g
ハマナカ ピッコロ 白(1)…少々

B. セキセイインコ
ハマナカ ピッコロ 明るい黄色(8)…3g
ハマナカ ピッコロ 黄緑(9)…3g
ハマナカ ピッコロ ピンク(4)…1g
ハマナカ ピッコロ ペールオレンジ(3)…1g
ハマナカ ピッコロ 青(23)…少々

かぎ針

4/0号

付属品他

A. セキセイインコ
目：ハマナカ 山高ボタン 黒(6mm)…2個
安全ピン…1個
綿

B. ボタンインコ
目：ハマナカ プラスチックアイ クリアー(9mm)…2個
安全ピン…1個
修正液
綿

作り方

1. 各パーツを編む。
2. ボタンインコはプラスチックアイの裏側を修正液で塗る。
3. ボディに綿を入れて最終段に残り糸を通し、引きしめてとめる。
4. ボディに目を付ける。
5. 羽を半分に折り、向かい合う目同士を巻きかがる。
6. ボディにくちばし、羽、足を巻きかがる。
7. セキセイインコはくちばしの上部と目の下に青い毛糸で刺しゅうする。
8. ボディの裏側に安全ピンを縫い付ける。

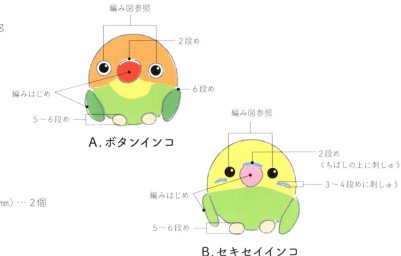

A. ボタンインコ / B. セキセイインコ

[A] くちばし (1枚)

■ 赤(26)
□ 白(1)

段数	目数
3	6
2	6(+2)
1	わの中に細編み4目編み入れる

[B] くちばし (1枚)

■ ピンク(4)

段数	目数
2	6(+2)
1	わの中に細編み4目編み入れる

羽 (各2枚)

■ A：緑(24)
■ B：黄緑(9)

段数	目数
2	9(+3)
1	わの中に細編み6目編み入れる

足 (各2枚)

□ ペールオレンジ(3)

段数	目数
1	わの中に細編み4目編み入れる

[A] ボディ（1枚）

A. セキセイインコ
■ 明るい黄色(8)
■ 黄緑(9)

B. ボタンインコ
■ 山吹色(25)
■ 明るい黄色(8)
■ 黄緑(9)

[B] ボディ（1枚）

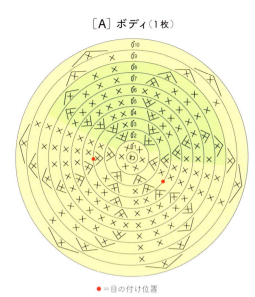
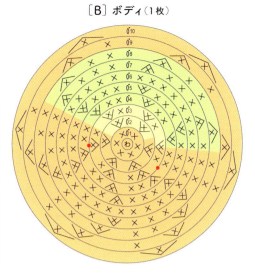

● = 目の付け位置

段数	目数
10	6（−6）
9	12（−6）
8	18（−6）
7	24（−6）
6	30
5	30（+6）
4	24（+6）
3	18（+6）
2	12（+6）
1	わの中に細編み6目編み入れる

コンゴウインコのペンダントトップ

Photo 28 ページ

糸

ハマナカ ティノ 赤(6)… 4g
ハマナカ ティノ 白(1)… 1g
ハマナカ ティノ 黒(15)… 1g
ハマナカ ティノ 生成(2)… 1g
ハマナカ ティノ 黄色(8)… 1g
ハマナカ ティノ 青(17)… 1g
ハマナカ ティノ グレー(16)… 1g

かぎ針

2/0号

付属品他

目：ハマナカ 山高ボタン 黒(4mm)… 2個
丸カン … 1個
革ひも
綿

作り方

1. 66〜68ページのコンゴウインコAの編み図と同様に各パーツを編む。
2. ボディに綿を入れ、最終段の向かい合う目同士を残り糸で巻きかがる。
3. ボディに目を付ける。
4. 羽を半分に折り、向かい合う目同士を巻きかがる。
5. くちばしの上と下の一部を巻きかがり、綿を入れる。
6. 尾羽に綿を入れる。
7. ボディにくちばし、羽、尾羽、足を巻きかがる。
8. 頭に丸カンを通す。
9. 丸カンに革ひもを通して結ぶ。

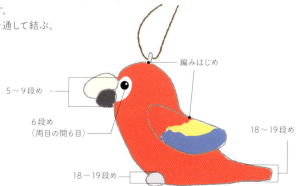

今回は私自身がボタンインコを飼っていることもあり、可愛い鳥のあみぐるみの本を作りたいという念願が叶いました。
この本で紹介するあみぐるみは、主に「たまご形」と「リアル形」2種類の共通パーツを使った作品構成になっています。
同じ編み図でも配色を替えて編んだり、ちょっとしたパーツを替えたりすることで、様々な鳥を編むことができます。
比較的編み目数も少なく、すぐに編みあがるコロっとした形が可愛いたまご形、編み目数は多いけれど、実際の形に近いリアル形。
アレンジ次第で、たまご形からリアル形へ。またその逆も可能ですので、掲載作品以外にも色々とアレンジを楽しんでいただけたら幸いです。
みなさんが作った可愛いあみぐるみの鳥ちゃんたちを、SNSなどでお見かけするのを楽しみにしています♪

ほし☆みつき　ミッキーマウスのあみぐるみキットを買ったことがきっかけで独学であみぐるみを学び、クラフト作家として独立。「なんでもあみぐるみで表現」をモットーに活動している。2002年には犬の編みぐるみに特化した自身のホームページを開設。このサイトが評判となり、愛犬雑誌等に取り上げられるようになる。最初の著書『編み犬の毎日』は大きな反響を呼び、以来国内外で著書出版が続く。現在では日本語版のほか、英語・中国語・韓国語・仏語・タイ語・オランダ語・スウェーデン語・ハンガリー語・デンマーク語など、25タイトルが海外で出版されている。http://hoshi-mitsuki.com

Staff

◆写真（口絵・カバー）
落合里美
◆写真（30～39ページ）
中辻 渉
◆スタイリング
南雲久美子
◆ブックデザイン
岡村伊都
◆作り方イラスト・編み図イラスト
岡村伊都
◆校閲
株式会社ぷれす
◆編集
植田阿希（Pont Cerise）
◆編集協力
種田心吾（株式会社リーブルテック）

ほし☆みつきのあみあみバード

2018年（平成30年）8月24日　初版第1刷発行
2024年（令和6年）9月12日　初版第5刷発行

著　者　　ほし☆みつき
発行者　　石井 悟
発行所　　株式会社自由国民社
　　　　　〒171-0033　東京都豊島区高田3-10-11
　　　　　https://www.jiyu.co.jp/
　　　　　電話03-6233-0781（代表）
印刷所・製本所　　株式会社リーブルテック

©2018 Printed in Japan.　乱丁本・落丁本はお取り替えいたします。

本書の全部または一部の無断複製（コピー、スキャン、デジタル化等）・転訳載・引用を、著作権法上での例外を除き、禁じます。ウェブページ、ブログ等の電子メディアにおける無断転載も同様です。これらの許諾については事前に小社までお問合せ下さい。また、本書を代行業者等の第三者に依頼してスキャンやデジタル化することは、たとえ個人や家庭内での利用であっても一切認められませんのでご注意下さい。